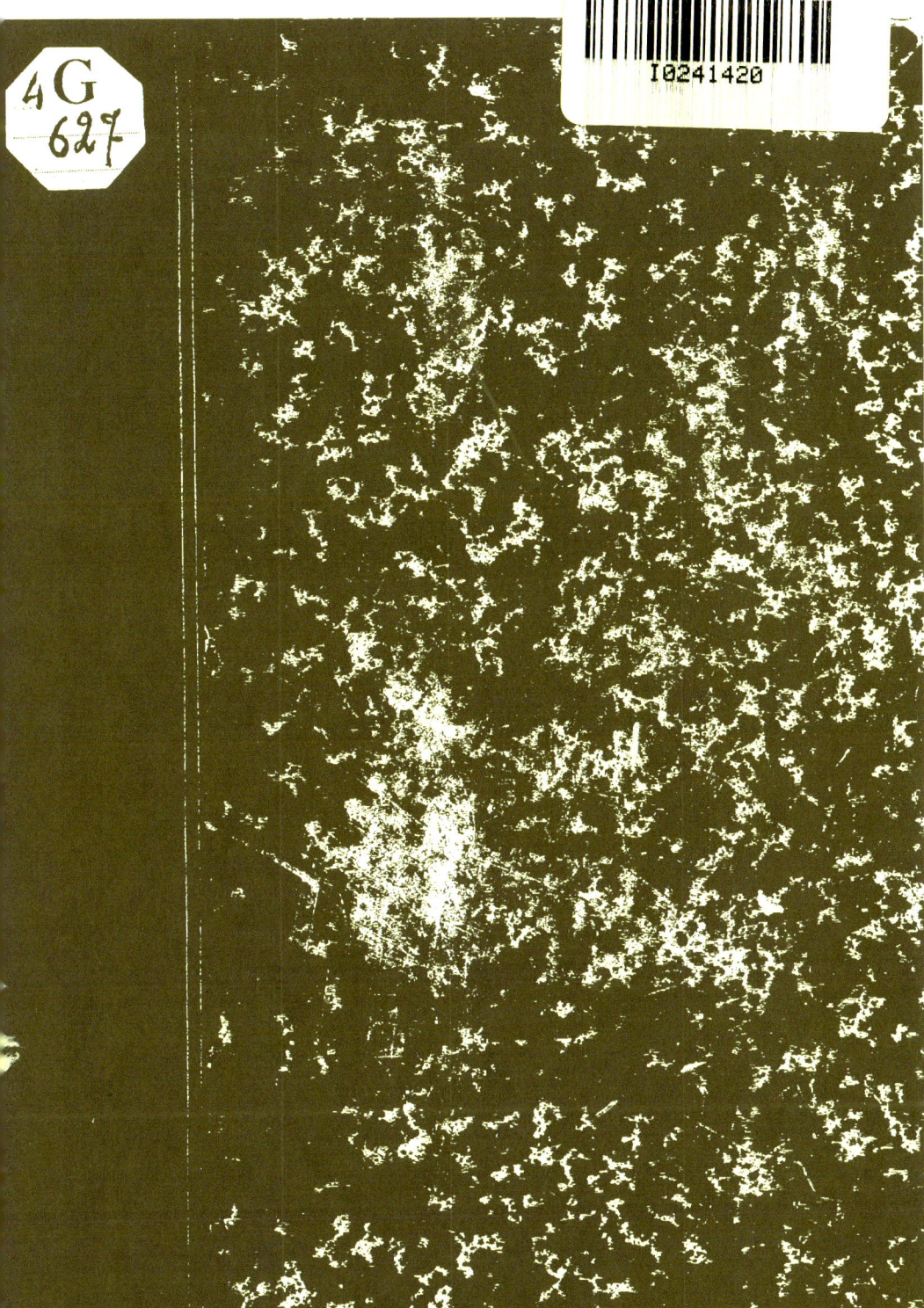

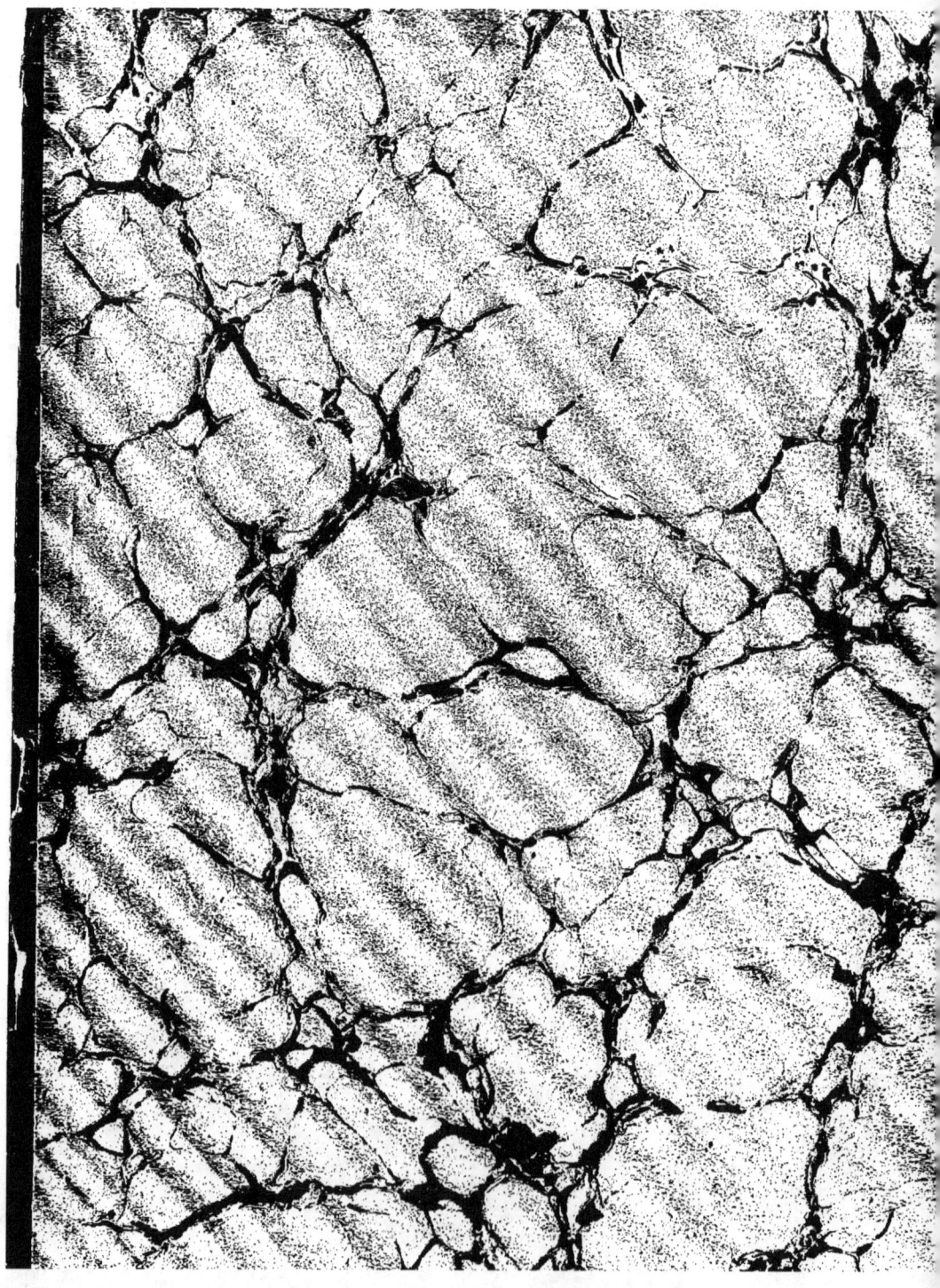

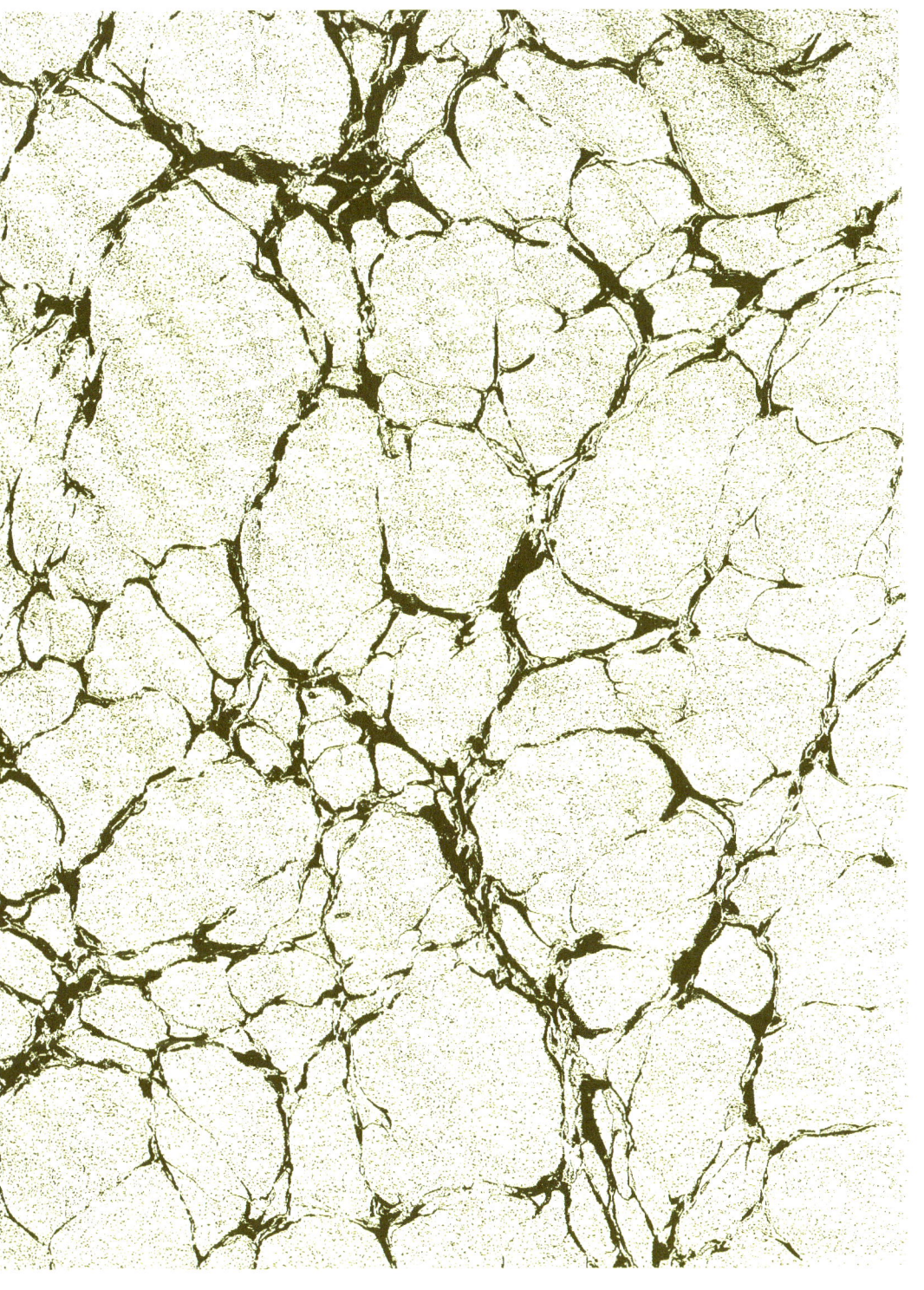

LA
CARICATURE
à travers les Siècles

IMPRIMÉ

PAR

CHAMEROT ET RENOUARD

19, rue des Saints-Pères, 19

PARIS

GEORGES VEYRAT

LA CARICATURE

à travers les Siècles

CARJAT. — Portrait de Daumier

PARIS

CHARLES MENDEL, ÉDITEUR

118, RUE D'ASSAS, 118

1895

IL A ÉTÉ TIRÉ

*Vingt-cinq exemplaires sur papier du Japon, numérotés
à la presse* (1 à 25)

I

Ce que c'est que la Caricature

Castigat ridendo mores.

A devise que Santeul donna à la Comédie peut, à juste titre, être revendiquée par la caricature dont la fonction est de châtier, en riant et en faisant rire, les mœurs, les vices et les travers de la vie humaine.

« La caricature, a fort bien dit Champfleury, est, avec le journal, le cri des citoyens. Ce que ceux-ci ne peuvent exprimer est traduit par des hommes (les *caricaturistes*) dont la mission consiste à mettre en lumière les sentiments intimes du peuple. »

Aussi, dans cette étude historique, parlerons-nous autant des caricaturistes que de la caricature, qui reflète le caractère de ceux qui se sont livrés à cet art, tout en peignant les milieux où ils vécu.

Au résumé, il y a deux sortes de caricature :

La *charge*, qui se borne à exagérer les laideurs et les infirmités physiques, la singularité des habitudes et du maintien ; la *satire*, qui, tout en représentant l'homme sous des formes ridicules ou grotesques, s'attaque principalement à ses passions et à ses vices.

La première n'est qu'une fantaisie bouffonne, plutôt « bonne fille » ; la seconde est un moyen de censure redoutable pouvant aller jusqu'à la cruauté.

Dans les deux cas, la caricature s'applique, comme la comédie, à amuser les spectateurs aux dépens des faits ou des gens qu'elle met en scène :

Castigat ridendo mores.

Il serait juste d'ajouter que, sous ses deux aspects, elle est cruelle, plus ou moins.

Rire des infirmités morales ou physiques dont les gens sont affligés ; rire des vices ou des passions qui les tourmentent, n'est-ce pas, à tout prendre, de la réelle cruauté ?

Soit ; mais n'exagérons rien et ne nous apitoyons pas outre mesure sur le sort de ceux dont on plaisante. Une société qui pousserait l'humanité jusqu'à proscrire la satire et la plaisanterie, manquerait absolument de gaieté.

Donc, rions sans arrière-pensée, de tout ce qui nous amuse, puisque, c'est Paul-Louis Courier qui le dit, « il n'y a de bonnes gens que ceux qui rient » et que, suivant Mme de Girardin, « il n'y a que les sots qui ne savent pas rire ».

Aussi bien on a ri de tout temps, et si la caricature est un « mot » relativement nouveau, la « chose » est vieille comme le monde.

WILLETTE. — Extrait de l'Âge d'or.

II

Chez les Anciens

LES ÉGYPTIENS — LES GRECS — LES ROMAINS

Nous avons dit, tout à l'heure, que la caricature était vieille comme le monde.

Nous avouons ignorer si Adam et Ève, Abel ou Caïn ont cultivé cet art; mais nous savons, nous en avons des preuves, que les Assyriens, les Égyptiens, les Grecs et les Romains l'ont pratiqué non sans succès.

Le musée égyptien de Turin possède les débris d'un papyrus, où l'on remarque des caricatures analogues à celles de Grandville, et dans lesquelles les personnages sont représentés par des animaux.

Un des fragments de ces curieuses peintures, qui peuvent remonter au temps de Moïse, représente un concert exécuté par un âne faisant vibrer une harpe, un lion pinçant de la lyre, un singe soufflant dans une double flûte et un crocodile jouant d'un luth à long manche.

C'est la charge d'un concert sacré dont on retrouve plusieurs reproductions dans les monuments égyptiens et où quatre femmes jouent d'instruments identiques.

Les artistes satiriques grecs poussèrent, aussi loin que possible, ce genre de caricature et n'hésitèrent pas à tourner en ridicule jusqu'à leurs divinités.

Ctésiloque, frère et disciple d'Apelle, qui vivait 328 ans avant Jésus-Christ, se rendit célèbre par un tableau dont la composition singulière mérita cependant d'être répétée sur plusieurs monuments. On la trouve encore sur des marbres et des patères antiques.

Jupiter y paraît mettant au monde Bacchus ; le maître des

Caricature d'un concert égyptien.

dieux y souffre et gémit comme une mortelle, tandis que les déesses qui l'entourent font l'office de matrones.

Cependant Pauson, qui a dû vivre dans la quatre-vingt-douzième olympiade, puisque Aristote, en parlant de lui, le met deux fois en comparaison avec Polygnote[1], semble avoir été le plus célèbre des artistes satiriques grecs.

Toutefois, ainsi que le remarque M. Arsène Alexandre dans son beau livre[2], il est fâcheux que rien, pas un trait ne

---

1. Peintre grec à qui Théophraste attribue l'honneur d'avoir inventé la peinture, sans doute pour exprimer qu'il fit prendre à cet art un développement remarquable.

2. L'Art du rire et de la caricature, 1 vol. Quantin et Cie.

SCÈNE DES PYGMÉES

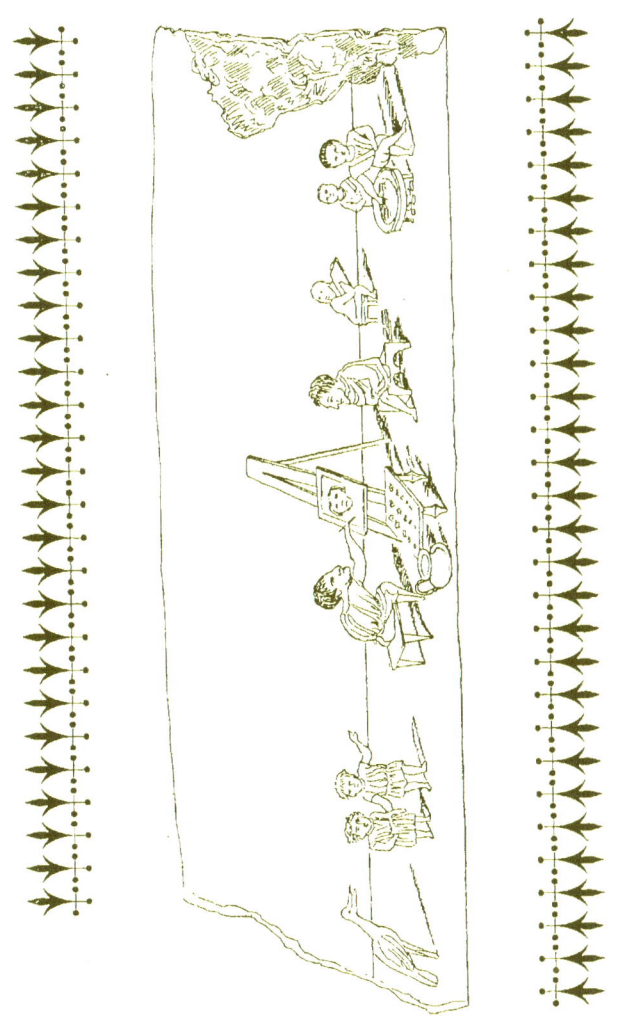

Un atelier de Peintres.

subsiste d'après lequel on puisse juger de ce précurseur d'Hogarth et de Daumier.

« Cette société, dit-il, avait, comme la nôtre, ses prétentions et ses vices; ses rues étaient bondées de naïfs, de roués, de coquettes, de fats, d'ambitieux et de coquins. »

Ce que nous savons du caricaturiste Pauson nous autorise à le considérer au moins comme un farceur.

Un amateur l'avait chargé de peindre un cheval se roulant sur le dos. En venant prendre livraison de son tableau, il remarqua que l'artiste avait représenté un cheval au galop.

Extrait du mémoire de Panofka.

Comme il s'irritait de cette méprise, le plaisant artiste retourna, en riant, le panneau et fit voir que l'animal se trouvait, ainsi, sur le dos, par conséquent tel qu'on le lui avait demandé.

Cette anecdote prouve qu'on n'ajoutait, alors, aucun accessoire au sujet principal d'un tableau et qu'on n'était pas bien difficile sur l'exactitude et la vérité du mouvement.

Chez les Romains, le genre grotesque fut aussi très en faveur, mais il semble avoir été traité moins délicatement que chez les Grecs.

Cicéron, dans son traité de l'Orateur, parle d'images qui exagèrent tellement certaines difformités du corps qu'elles excitent le rire : « Ces images sont très amusantes, dit-il, parce qu'elles consistent ordinairement à comparer une difformité, un défaut corporel, à quelque autre objet plus difforme encore. »

Pline cite un peintre nommé Antiphile qui imagina de peindre un personnage de tournure grotesque auquel il donna le nom de Gryllus (en grec *gryllos*, pourceau), qui devint commun par la suite à toutes les compositions de ce genre.

Volontiers les artistes romains se plurent, comme les artistes grecs, à représenter les personnages sous la forme d'animaux : témoin cette fresque, découverte à Pompéi, qui représente la fuite d'Énée portant sur l'épaule son père Anchise, et tenant par la main son fils Ascagne, tous trois avec des têtes de chiens.

Parodie de la fuite d'Énée.

On sait que Virgile fut souvent caricaturé avec une tête de singe, et l'on se demande si les artistes qui ont ainsi représenté l'auteur de l'*Énéide*, ont voulu le peindre comme l'imitateur (le singe) d'Homère.

A Pompéi on a, d'ailleurs, découvert un grand nombre de dessins satiriques tracés sur les murs, enseignes et croquis grotesques, sans oublier certaines affiches de théâtres, représentant une scène comique tirée de la pièce à succès, pâles ancêtres des jolies affiches de M. Chéret.

Chez les Grecs et chez les Romains, enfin, de nombreuses peintures décoratives représentèrent des épisodes de la vie des Pygmées, ces nains fabuleux, célèbres dans les fictions des anciens.

Philostrate raconte, au sujet de ces petits bonshommes, un épisode comique qui a pu inspirer à Swift une des meilleures scènes de son Gulliver :

Un jour Hercule est attaqué pendant son sommeil par une armée de Pygmées. Les deux ailes fondent sur la main droite du héros et, pendant que le centre s'attache à la main gauche, es archers se chargent des pieds, et le roi, entouré de ses plus braves sujets, livre un assaut à la tête.

Hercule se réveille et, riant du projet de ces Myrmidons, i les enveloppe dans la peau du lion de Némée, et les porte au roi d'Argos, Eurysthée, qui, comme l'on sait, lui avait imposé ses douze travaux.

Les Lilliputiens de l'auteur anglais nous paraissent donc, malgré les siècles qui les séparent les uns des autres, bien proches parents des Pygmées du sophiste grec.

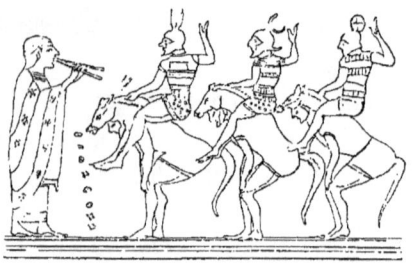

Extrait du mémoire de Panofka.

III

La Caricature au Moyen Age

LE DIABLE

De la fin des temps antiques au Moyen âge la caricature semble endormie.

Au XIe siècle, elle se réveille pour devenir successivement une arme à l'usage des partis religieux ou politiques.

« Le goût du grotesque, dit M. Victor Champier, est l'une des tendances caractéristiques du moyen âge et se retrouve même dans les plus hautes manifestations de son art.

« Mais les moyens d'exécution manquent encore à la caricature. Si grande que soit l'habileté du ciseau des sculpteurs, la pierre n'a pas la souplesse des caprices de la pensée.

« D'ailleurs l'Église est une surveillante jalouse. C'est seulement à son ombre, dans les œuvres qu'elle crée ou qu'elle autorise, que la caricature se glissera timidement, faisant gri-

Moine
portant son butin.

macer ses personnages sous le porche ou sur les vitraux des cathédrales, ou dans les miniatures des livres d'heures, comme celui du duc de Berry.

« Les sujets qu'elle affectionne, processions d'ânes et de porcs, singes revêtus du froc et de la mitre, renards déguisés en moines et prêchant des poules; ce sont les sujets habituels des fabliaux.

« C'est ce personnage si populaire du renard, type de l'hypocrisie, c'est le moine libertin et gourmand qu'on représente à la cathédrale de Magdebourg... »

C'est le diable aussi que l'on voit figurer sur les arcades sculptées des cathédrales, portant, sur son dos, des évêques, ou menaçant, de ses gros yeux, les fidèles, « faisant ainsi la parade » au profit de l'escarcelle de l'Église.

Le Pape séparant Luther et Calvin.

Sous les portails de la plupart de nos basiliques, on peut le voir dans diverses scènes du Jugement dernier.

Blotti dans un coin, il assiste à la « pesée des âmes », et tandis que saint Michel met, dans la balance, une âme, — figurée par un enfant nu, — le « malin », avec ses doigts fourchus, s'accroche à l'un des plateaux pour le faire basculer;

Ou bien debout au sommet d'un monceau de damnés

s'entre-déchirant de leurs mains crispées, il triomphe avec un rire féroce en contemplant son ouvrage;

Ou bien encore, armé d'un trident aux pointes effilées, il transperce des malheureux humains qu'il plonge dans une chaudière bouillante.

Dans les bas-reliefs qui couronnent la porte centrale de Notre-Dame, on peut le contempler se livrant tour à tour aux « occupations » les plus barbares.

Fragment d'un bas-relief de la cathédrale de Bourges.

Néanmoins le diable n'est pas toujours aussi cruel; quelquefois il est farceur.

C'est ainsi que, sous le portail de Saint-Germain-l'Auxerrois, armé d'un soufflet, il cherche à éteindre le cierge qui brûle entre les mains de sainte Geneviève.

D'ailleurs, comme Protée, il change et se transforme à l'infini; il se montre sous les aspects les plus divers, sous les traits d'un bourgeois, d'un chevalier, d'un moine ou même d'une « jolie femme ».

Ainsi, on vient de le constater, au Moyen âge, sous la protection de l'Église, on plaisante l'Église même.

Mais, hâtons-nous de le dire, celle-ci ne se fait pas faute de railler aussi ses ennemis, au sein même du sanctuaire.

C'est ainsi que Pierre de Cugnières qui, sous Philippe de Valois, avait osé s'élever contre les entreprises de la juridiction ecclésiastique, se vit bafouer cruellement par elle.

Le clergé fit, en effet, placer dans le chœur de l'église métropolitaine de Paris un buste grotesque de l'imprudent Cugnières sur le nez duquel on allait éteindre les cierges.

Cette caricature a disparu de cette église, mais on en trouve la reproduction dans la cathédrale de Sens.

Des caricatures de ce genre se voient encore sur les portails des cathédrales de Rouen, d'Amiens, de Chartres, etc.

Dans cette dernière ville, sur une des façades de Notre-Dame, on voit deux figures grotesques d'un caractère satirique évident : un âne qui joue de la vielle et une truie qui file.

Détail d'un tympan de l'église Saint-Urbain
à Troyes.

IV

Au XVIᵉ Siècle

LE HOLLANDAIS PIERRE BREUGHEL
SES IMITATEURS — JACQUES CALLOT

Les querelles religieuses et politiques, enfantées par la Réforme et la Ligue, fournirent aussi à la caricature de nombreux sujets.

Une stalle du chœur de l'église Saint-Sernin, à Toulouse, représente, assez grossièrement sculpté, un animal en chaire avec cette inscription : *C'est Calvin, le porc preschant.*

Cette plaisanterie semble d'un goût très relatif.

Plus spirituelle, assurément, est celle que nous donnons plus haut, et qui représente le Pape, Luther et Calvin se prenant aux cheveux[1].

Chie en pot la Perruque.

Néanmoins, au xvıᵉ siècle, suivant la juste expression de M. Champier, on ne rit encore qu'avec le privilège du roi.

L'autorité royale est toute-puissante. Henri II brûle les réformés et Charles IX les fait massacrer.

1. Voir la gravure page 10.

On n'a guère envie de rire.

Cependant voici Rabelais qui, par ses piquantes saillies et sa gouailleuse philosophie, vient ramener le rire et faire une joyeuse diversion aux luttes acharnées des partis.

Paraît alors un recueil de 120 gravures de *songes drolatiques* dont l'idée a été à tort attribuée à l'auteur de *Pantagruel*. C'est une pâle imitation des imaginations d'un grand

Dessin de J. Callot.

artiste hollandais Pierre Breughel dit le Vieux qui fut, avec Jérôme Bosch, Romyn de Hooghe et Brouwer, l'un des plus grands artistes satiriques de la Hollande, pays cependant fertile en caricaturistes.

Breughel le Vieux adopta la manière de son aîné Jérôme Bosch, dont le musée d'Anvers possède une très suggestive *Tentation de saint Antoine*, et exécuta une série de compositions qui lui valurent le surnom de Pierre le Drôle.

Déguisé en paysan, racontent les biographes de son temps,

La Tentation de saint Antoine.

Pierre Breughel se mêlait volontiers aux danses des villageois et souvent même, selon l'usage du pays, il faisait un présent aux mariés, comme s'il était de la famille.

De ces honnêtes équipées, il rapportait des croquis bur-

J. Callot. — Les Bohémiens en voyage.

lesques et légers dont il fit, malheureusement, à la veille de sa mort, brûler la plus grande partie par sa femme.

On doit à Breughel une série de diableries des plus comiques qui ont, de quelques années, devancé les fantastiques compositions de Callot.

Bien qu'il ait composé de nombreuses œuvres d'un caractère très élevé telles que : *Les malheurs et les misères de la guerre*, Jacques Callot doit sa grande célébrité aux deux *Tentations de saint Antoine* connues de tous, et dans lesquelles le maître de Nancy a fait preuve d'une imagination étrangement fertile en combinaisons diaboliques.

Non moins intéressant, est le dessin original d'une troisième *Tentation* qui a été acquise, récemment, pour un de ses musées, par la Ville de Paris. Cette œuvre de Callot, absolument inédite, est d'une saveur toute particulière.

On a de lui de fort jolis dessins gravés au burin, parmi lesquels les *Bohémiens en voyage*, qui retracent, sans doute, un des épisodes de la jeunesse de l'artiste. En effet, à l'âge de douze ans, son goût naturel pour les arts lui fit quitter la maison paternelle, son père voulant le contraindre à embrasser une autre profession.

Étant parti furtivement pour l'Italie sans aucun moyen d'existence, ne portant, lui aussi, que des « choses futures », il se vit obligé, pour subsister en route, de se mêler à une troupe de bohémiens qui devait passer par Florence.

On sait qu'arrivé dans cette ville, Callot fut accueilli par un officier du grand-duc qui le plaça chez le peintre-graveur Canta-Gallina, qui fut son premier maître.

Breughel. — La Gourmandise.

V

Chez les Étrangers

ITALIENS, ANGLAIS, ALLEMANDS, ESPAGNOLS, AMÉRICAINS

Canta-Gallina, lui, n'était pas caricaturiste; cela ne veut pas dire que, de son temps, le genre burlesque n'était plus en

Le monde à l'envers (XVIe siècle).

honneur en Italie où, tout au contraire, dans cet ordre d'idées, on avait encore gardé la tradition des artistes satiriques de l'ancienne Rome.

« La religion et la politique, dit M. Arsène Alexandre, ne

furent pas la seule matière à caricature. Le goût de l'antiquité, qui devenait, chez les princes et leurs protégés, une mode passionnée, prêta à mainte charge. Tous les dieux de la mythologie grecque et romaine furent de nouveau bafoués, à la mode des peintures de Pompéi, en des gravures d'un faible mérite. Toute la plaisanterie consistait à donner à ces divinités des figures grotesques de vieilles et de barbons, sans aucun souci de les ridiculiser dans leur caractère propre. »

Au résumé, les caricaturistes italiens du xvie siècle furent de pauvres rieurs et de détestables artistes.

Le divin Léonard de Vinci, lui-même, si merveilleux dans ses tableaux, s'est révélé un médiocre caricaturiste.

Il mondo alla riversa (le monde à l'envers), composition anonyme que nous donnons ci-dessus, donne la note dominante de la caricature italienne à cette époque.

Les lois d'exception.

M. Crispi met ses ennemis et ses amis dans le même sac.
(Extrait du *Fischietto*.)

De nos jours, elle est brutale et trahit une lourdeur d'esprit qui n'est rien moins que latine, et passerait facilement, n'étaient les légendes en langue italienne, pour des charges anglo-saxonnes.

Les Anglais, c'est le moment de le dire, se sont autrefois distingués dans la caricature ; elle devint chez eux un puissant auxiliaire de la liberté. John Bull caricatura ses magistrats, ses députés, ses ministres, ses rois mêmes.

Ces productions, empreintes de l'humour britannique plutôt que d'une raillerie fine et malicieuse, ont toujours eu

HOGARTH

La rue du Gin.

un grand succès chez un peuple où, même en fait de plaisanterie, l'essentiel, suivant la juste expression de M. Ourry, est de frapper fort.

Au demeurant, la caricature anglaise est assez moderne; les vrais maîtres de cet art, Gainsborough, Turner et Hogarth, datent à peine de deux siècles.

De tous, Hogarth est le plus justement célèbre.

Il stigmatisa, tour à tour, les mœurs sociales et les mœurs politiques de son temps dans des estampes nombreuses : *les Buveurs de punch, les Élections parlementaires, le Fanatisme, la Superstition*, etc.

ROWLANDSON. — Duo de cor et de basson.

« Plusieurs des compositions de cet artiste, a dit Philarète Chasles, n'offrent que des déclamations violentes et des parodies sans valeur : tout un amas d'hiéroglyphes inintelligibles et d'épigrammes furieuses qui s'entre-heurtent contre des rébus de mauvais goût.

« Les détails s'accumulent et blessent le regard ; les accessoires étouffent le sujet, et leur multitude distrait l'attention. Ce n'est plus cette vie dramatique ni cette observation profonde, guidées par un sens juste et droit. L'œil se fatigue de ces nuances multipliées qui, toutes, ont un rôle accentué, une signification satirique. Chaque pli de draperie accuse une intention de l'auteur, et le chien qui emporte un os devient une moralité. Tel est l'excès, tel est l'écueil de ce puritanisme dans l'art, âpre révolte contre l'idéal et le type du beau. »

Cette critique, pour juste qu'elle est, n'en paraît pas moins un peu sévère.

Certes, pour la plupart, les œuvres d'Hogarth sont maniérées, même les plus brutales, mais on ne peut refuser à cet artiste un talent de composition peu commun.

La *Rue du Gin*, dont nous donnons le fac-similé, est peut-être son œuvre la plus suggestive.

Comme tout « bon Anglais », Hogarth ne ménagea pas la France, à laquelle il garda, toute sa vie, une dent — une dent d'Anglais, — à la suite d'une mésaventure dont il fut victime à Calais.

Napoléon met enfin à exécution son projet de descente en Angleterre!
(*Caricature anglaise.*)

Après la paix d'Aix-la-Chapelle, Hogarth s'étant rendu sur « notre continent », y dessina la porte de Calais. On l'arrêta, et il fut reconduit en mer, à trois lieues de la côte.

Il en garda rancune à notre pays, et, dans deux caricatures « *la France et l'Angleterre* », on le vit opposer l'« urbanité » du peuple anglais à la « grossièreté » de la nation française.

TOUCHANT APPEL

Le Chinois : Hoo ! hoo ! Il me fait du mal... et les autres impassibles, là-bas, ne viennent pas à mon secours. (Extrait du *Punch*.)

Ce « penchant » pour la France anime, d'ailleurs, également les caricaturistes anglais modernes. Et l'on peut justement leur appliquer, — depuis Rowlandson, Bunbury, Cruikshank et Gillray, les deux féroces ennemis de Napoléon Ier, jusqu'aux « meilleurs » artistes satiriques du *Punch* actuel, — la critique que l'auteur du *XVIIIe siècle en Angleterre* faisait, si sévèrement, de Hogarth et de son œuvre.

Nous pouvons en dire autant des caricaturistes de l'Allemagne, où la caricature, plus ancienne, s'est manifestée avec la Réforme.

Elle s'y montra, et s'y montre encore pesante et brutale.

L'esprit germanique se prête difficilement aux fantaisies et aux subtilités du crayon: toutefois, il faut bien le dire, depuis une vingtaine d'années, un certain nombre de dessinateurs satiriques d'outre-Rhin ont fait preuve de quelque originalité dans leur « faire », notamment Scholtz, Loefler, Imlauer, Reinhardt, Schmidhommer et, tout spécialement, Wilhem Busch[1], l'inventeur des séries de croquis sans légendes, imitées chez toutes les nations, aujourd'hui.

La *Sortie de l'École*, que nous publions plus loin, est un

BISMARCK. — Je crains de n'y pouvoir rien faire de bon.
(Extrait du *Floh*.)

---

1. Voir pages 90 et 92.

document pour l'histoire internationale de l'époque présente ; elle établit, dans sa « joviale » mauvaise humeur, que l'Allemagne, comme la France, souffre du « cyclisme aigu ».

Pas gai, l'art satirique espagnol.

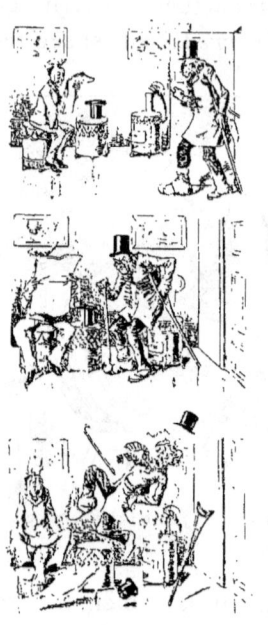

Cure merveilleuse.
(Extrait du *Justice Blatter.*)

L'Espagne, à tout prendre, n'a eu qu'un exceptionnel caricaturiste : Goya, un moderne. Mais celui-là est doublé d'un grand peintre.

« Les compositions de Goya, dit Théophile Gautier, exécutées à l'aquatinta, et ravivées d'eau-forte, sont des nuits profondes où quelque rayon de lumière ébauche de pâles silhouettes et d'étranges fantômes...

« C'est de la caricature dans le genre d'Hoffmann, où la fantaisie se mêle toujours à la critique, et qui va souvent jusqu'au lugubre et au terrible.

« On se sent transporté dans un monde inouï, impossible et cependant réel.

« Les troncs d'arbres ont l'air de fantômes, les hommes d'hyènes, de hiboux, de chats, d'ânes ou d'hippopotames, les ongles sont peut-être des serres ; les souliers à bouffettes chaussent des pieds de bouc ; ce jeune cavalier est un vieux mort, et ces chausses enrubannées enveloppent un fémur décharné et de maigres tibias.

« Jamais il ne sortit de derrière le poêle du docteur Faust des apparitions plus mystérieusement sinistres...

LA SORTIE DE L'ÉCOLE

(Extrait du *Fliegende Blatter*).

« Quelques dessins ont trait au fanatisme, à la gourmandise

Toto photographe. (Dessin d'Imlauer.)

et à la cupidité des moines ; les autres représentent des sujets de mœurs ou de sorcellerie. »

Broadway (rue de New-York). — (Extrait du *Life*.)

Les eaux-fortes de Goya sont la partie la plus connue de son œuvre.

Le cabinet des Estampes, à la *Bibliothèque nationale,* en possède la collection à peu près complète, notamment les fameuses planches des *Caprices,* cette admirable série de satires politiques et sociales, où l'on retrouve tous les types pittoresques de l'Espagne.

Quand nous aurons cité, pour mémoire, les caricaturistes chinois et japonais, dont l'art original ne manque pas d'un réel intérêt artistique; quand nous aurons présenté, dans *Broadway*, un spécimen de l'art burlesque américain qui fait rêver aux pantomimes des Hanlon-Lees[1], nous arrêterons notre incursion ou excursion, comme on voudra appeler ce voyage — forcément incohérent, au point de vue chronologique — à travers les pays étrangers, et nous rentrerons en France... à l'époque où nous l'avons quittée.

1. Voir page 31.

Foot-ball. (Charge américaine.)

GOYA

Les Sorcières.

VI

XVIIe et XVIIIe Siècles

ENCORE LES HOLLANDAIS — LES RÈGNES DE LOUIS XV
ET LOUIS XVI — LA RÉVOLUTION

Sous nos derniers rois, la caricature politique avait eu,

Dessin inédit. (Bibliothèque nationale.)

non pas peu d'occasions[1], mais peu de moyens de se répandre en France. La Bastille était là pour les réprimer.

[1]. La Fronde, comme la Réforme et la Ligue, eut à compter avec la satire du crayon et plus encore avec la satire de la plume. Le pamphlet de Pithou, Passerat et leurs amis politiques, la *Satire Ménippée*, reste un monument impérissable de l'histoire de ce temps.

C'est de la Hollande, ainsi que nous l'avons constaté plus haut, que partaient les traits lancés contre le grand roi, le régent et Dubois, Louis XV et ses maîtresses.

En France, à peine osait-on quelques charges anodines de la mode contemporaine et quelques allégories timides.

C'est ainsi que lors de l'Assemblée des notables du 22 février 1787, le ministre Calonne, tentant de tirer de l'argent

Caricature de Marie-Antoinette.   Caricature de Louis XVI.

de nouveaux impôts, est représenté sous les traits d'un singe cuisinier réunissant les bêtes d'une basse-cour pour leur demander « à quelle sauce elles veulent être mangées ». Un dindon irrité réclame vivement et, au bas de la satirique gravure que nous reproduisons ci-contre, on lit ces mots :

« Mais nous ne voulons pas être mangés! »

— Vous sortez de la question », réplique le singe-ministre.

M. Ourry, en citant cette caricature, observe avec malice :

« Comme la piquante satire dramatique de Beaumarchais, cette spirituelle critique a, sous plus d'un gouverment, trouvé son application ».

CARICATURE DE MODES

Mademoiselle des Faveurs à la promenade.

Cette fine observation serait-elle encore d'actualité? Nous n'oserions affirmer le contraire.

Ce genre de caricature personnelle prit, dès les premiers temps de la Révolution, plus d'audace et de transparence, et devint une arme des plus dangereuses pour le pouvoir.

Le roi et la reine Marie-Antoinette furent particulièrement en butte aux crayons satiriques.

Les Émigrés et le jeu de l'*Émigrette*.

Lors de son acceptation de la Constitution de 1791, on n'hésita pas à représenter Louis XVI enfermé dans une cage de fer et prononçant ces mots : « Je sanctionne librement. »

Plus tard on le montre assis sur un trône; de la main gauche il tient une légende avec ces mots : « l'âge d'or », tandis que de la droite — « par une maladresse indécente », observe ingénument Bachaumont — il semble fouiller dedans.

On célèbre le triomphe du Tiers, la prise de la Bastille, comme en témoignent les nombreuses pièces du musée Carnavalet; on représente Marie-Antoinette en harpie et

Louis XVI en cochon; on raille les émigrés et leurs complots.

« La Révolution triomphante, dit M. Grant Carteret, dans son ouvrage si documenté et si sincère[1], ne ménageait pas la satire : on voit apparaître la *Foire de Coblentz*; *Revue du général Faïence* (Condé); le *Grand conseil des émigrants*; *Royal Bourbon*. »

Cette dernière publication dut son succès au jeu de l'émi-

C. VERNET. — Merveilleuses.

grette ou de l'*émigrant*, — une roulette que chacun des personnages faisait sans cesse descendre et monter sur elle-même au moyen d'un cordon auquel elle était suspendue[2].

Paris s'amusa beaucoup de ce petit jeu auquel on donna définitivement le nom de « jeu de Coblentz ».

« La contre-révolution a aussi ses caricaturistes. Elle représentera, dit M. Champier, le président d'un comité révo-

1. *Les Mœurs et la Caricature en France*, 1 vol. Librairie illustrée.
2. Voir p. 39.

BOILLY

Les nez ronds.

ah qu'il est bon !

Grimaces.

lutionnaire avant la levée d'un scellé. Alors, il raccommode des souliers; mais après la levée, il emporte l'argenterie et la vaisselle. Les cinq membres du Directoire seront les cinq singes et les cinq chiens; les républicains, des champignons vénéneux, et ainsi jusqu'au 18 brumaire qui, avec la République, tue la caricature politique.

« Tant que la guillotine fonctionne, qu'importent les va-

C. Vernet. — Muscadins.

riations de la mode et des mœurs? Après le 9 thermidor, c'est une résurrection. Tous les historiens ont noté cet affolement, cette fièvre de vivre et de jouir. Les théâtres rouvrent, les promenades publiques se peuplent, le Palais-Royal est le rendez-vous de tous les vices. Les muscadins coudoient les incroyables! »

Sévèrement exclue du domaine politique, la caricature se rejette sur des sujets moins violents et s'empare de l'étude des mœurs et de la satire des modes.

Il convient de nommer parmi les caricaturistes les plus célèbres de cette époque, Debucourt, Duplessis-Berteaux et Carle Vernet.

Ce dernier, le plus habile de tous les dessinateurs du Directoire, a fixé les modes des *muscadins* et des *merveilleuses*, qu'il ne charge, la plupart du temps, que d'un crayon léger ; si bien qu'à part une très petite exagération toujours spirituelle, ses dessins élégants pourraient passer pour la reproduction exacte des modes du temps. Ces scènes burlesques ne sont jamais de mauvais goût.

Il serait injuste de ne pas mentionner également, parmi les artistes satiriques de cette époque, Isabey, Boilly et Bosio, dont les dessins et les aquarelles sont de piquantes caricatures de modes et de mœurs.

Incroyable à cheval

VII

Les Modernes

1ᵉʳ EMPIRE — RESTAURATION — RÈGNE DE LOUIS-PHILIPPE

Aux temps les plus dramatiques de la Révolution, même pendant la Terreur, la caricature ne perdit pas ses droits; sous le Consulat, elle fut tolérée; sous l'Empire, elle subit la loi commune et ne se montra que très timidement. « Pendant dix ans, dit M. Grant Carteret, il ne lui a pas été permis de toucher au « Corse aux cheveux plats ».

Bertrand.

Comme les Hollandais, aux XVIIᵉ et XVIIIᵉ siècles, avaient caricaturé nos rois, les Anglais se chargèrent de ridiculiser cruellement Napoléon[1]. Par contre, nos artistes satiriques ne pouvant faire de politique nationale, usèrent leurs crayons contre l'Angleterre. C'était de bonne guerre.

Sévèrement réprimée sous l'Empire, la caricature reparut sous la Restauration et finit par avoir ses

[1]. Voir p. 27, ce qu'il y est dit de Cruikshank et Gillray.

journaux spéciaux. La *Silhouette* (1829) est le premier journal qui ait publié hebdomadairement des lithographies et qui leur ait donné quelque importance dans le journalisme.

« C'est le 4 novembre 1830, date de l'apparition du premier numéro du journal de Philipon, dit M. Armand Dayot dans son excellent livre[1], que naquit, dans toute sa force, la caricature française moderne. Le XIXe siècle est vraiment le siècle de la caricature. Jamais elle n'apparut si formidablement armée, jamais elle ne porta d'aussi terribles coups que pendant la période historique, qui sépare la fuite de Charles X, de l'écroulement du gouvernement de Juillet.

Entrée *triomphale* de Louis XVIII.

« La plus redoutable des armes adoptées par les républicains contre Louis-Philippe, la plus efficace, fut le journal de Charles Philipon : la *Caricature;* elle lui porta des coups mortels, comme plus tard la *Lanterne*, d'Henri Rochefort, au second Empire. Tellement il est vrai que, dans notre beau

---

1. Les *Maîtres de la Caricature au XIXe siècle*. 1 vol. Quantin et Cie.

DECAMPS

Le PIEU monarque.

pays de France, il n'est pas de bataille qui résiste à un pamphlet bien acéré.

« Les tirailleurs que Philipon, l'âme damnée de cette feuille infernale, lançait contre les Chambres, contre le ministère, contre les vices et les ridicules d'une bourgeoisie pourrie et jusqu'à l'assaut du trône, formaient, dans les sombres bureaux du passage Véro-Dodat, un véritable bataillon sacré, car voici les noms des principaux d'entre eux : Decamps, Grandville, Charlet, Daumier, Gavarni, Henry Monnier, Traviès et l'infatigable directeur toujours sur la brèche. »

Chacun de ces artistes, dont les spirituelles et satiriques compositions sont encore vivantes dans la mémoire de beaucoup de nos contemporains, mérite une mention spéciale.

Nous la leur consacrerons après avoir dit deux mots du procès fameux « de la poire », intenté au malin directeur de la *Caricature*.

Celui-ci avait donné, dans son journal, un portrait de Louis-Philippe affectant la forme d'une poire.

Philipon s'avisa de venir au tribunal avec un papier sur lequel il avait dessiné une série, que nous reproduisons ci-contre, de têtes représentant celle du roi, et allant, chacune par degré, en se rapprochant, de plus en plus, d'une poire.

« Si vous condamnez, dit-il, ce premier croquis qui ressemble au roi Louis-Philippe, vous condamnerez le second qui ressemble au premier, puis le troisième qui ressemble au second et enfin vous ne sauriez absoudre le quatrième qui ressemble aux croquis précédents... Vous condamnerez donc une poire ! »

Ce plaidoyer « illustré » mit les rieurs du côté de Philipon ; les magistrats ayant ri, eux-mêmes, se déclarèrent désarmés et l'acquittèrent.

Decamps, qui commença le feu en caricaturant Charles X avec une série de charges mordantes, entre autres « le pieu monarque » que nous donnons plus haut, a peint une série de scènes satiriques représentant des singes se livrant aux occupations les plus diverses, « généralement réservées à la race humaine ».

Les membres du jury de peinture ayant refusé quelques toiles de Decamps, celui-ci traduisit ses juges au tribunal des rieurs ; il peignit « les Singes experts ». Ils sont trois des plus capables devant un paysage.

J. GRANDVILLE.
(*Vie privée des animaux.*)

« Si leur queue ne les trahissait pas, dit Charles Blanc[1] à qui nous empruntons cette anecdote, on les prendrait pour des personnages humains, tant est vraisemblable leur physionomie de connaisseurs profonds qui ont usé leurs yeux à voir des peintures, et qui en sont maintenant aux subtilités de la loupe. »

1. *Histoire des peintres*, 11 vol. J. Renouard et Cie.

RAFFET

La Consigne. — On tirera sur toi... ne fais pas attention; observe. Surtout pas de fausse alerte, tu serais fusillé, c'est l'ordre.

Le président, assis sur un superbe fauteuil, se gratte le cou-de-pied du bout de sa patte, tout en regardant, avec sa loupe, les finesses du tableau.

Ajoutons que le jury de peinture prit spirituellement sa

H. Daumier. — Némésis médicale.

revanche en recevant, les « singes experts », et en leur réservant une cymaise d'honneur.

Grandville a fidèlement reproduit, du bout de son crayon railleur, les travers et les ridicules de son temps, mais il l'a fait, dit fort justement un critique, « avec un parti pris qui finit chez lui par dégénérer en manie, celui de donner la physionomie, les vices et les passions de l'homme, d'abord aux animaux et aux plantes, puis à toutes sortes d'objets quelconques, au risque de tomber dans l'incompréhensible et le baroque.

Toutefois, ses illustrations des *Fables de La Fontaine* et ses *Animaux peints par eux-mêmes* demeurent des œuvres d'une haute valeur.

CHARLET. — Le fusilier Hutinet :
Quand il a fait les montagnes, le Père Éternel, bien sûr qu'il n'avait pas l'sac sur le dos !

Charlet a laissé une quantité innombrable d'œuvres dont plus d'une des légendes spirituelles qui les accompagnent, sont devenues des proverbes; mais ses « grognards » lui ont valu la majeure partie de sa célébrité.

Il sait toujours les rendre intéressants, lors même qu'il les raille, et s'il nous les représente en pleine ébriété, il a soin de nous rappeler adroitement leur héroïsme passé.

« Il leur met, dit M. Charles Blanc, dans la bouche, de ces mots qui font tout pardonner. »

Raffet, élève de Charlet, a été l'heureux imitateur de son maître. A l'exemple de celui-ci, il prête à ses « grognards » et à ses « recrues » une bravoure railleuse.

« Il est défendu de fumer, dit un sergent de la République à ses soldats embusqués dans un ravin rempli d'eau, mais il est permis de s'asseoir. »

Daumier, en quinze ans, a composé sous le nom d'*Actua-*

H. DAUMIER

— En v'là un, il pourrait bien être malheureux comme les pierres,
que je lui donnerais pas un sou d'ouvrage.

lités, une sorte de journal personnel; nouvelles, bruits, faits, cancans, crises politiques du jour, tout y est relaté avec une fidélité historique.

Les types qu'il a créés, notamment Robert Macaire et

GAVARNI. — Par-ci, par-là.
— Ce qui m'manque à moi... un'tite mère comme ça qu'aurait soin de mon linge.

Bertrand, sont immortels comme ses courageuses compositions satiriques : *La rue Transnonain, La liberté de la Presse, Venez petits, petits !* et tant d'autres.

Baudelaire, sous un buste que Michel Pascal a modelé

d'après Daumier, a écrit ces vers, qui reflètent admirablement la physionomie morale de l'homme et de l'artiste :

>Celui dont nous t'offrons l'image
>Et dont l'art, subtil entre tous,
>Nous enseigne à rire de nous,
>Celui-là, lecteur, est un sage.
>
>C'est un satirique, un moqueur ;
>Mais l'énergie avec laquelle
>Il peint le mal et sa séquelle,
>Prouve la bonté de son cœur.
>
>Son rire n'est pas la grimace
>De Melmoth ou de Méphisto
>Sans la torche d'une Alecto
>Qui les brûle, mais qui nous glace.
>
>Leur rire, hélas ! de la gaîté
>N'est que la monstrueuse charge :
>Le sien rayonne, franc et large
>Comme un signe de sa bonté.

Gavarni a été le caricaturiste délicat des choses du cœur.

Ses dessins, d'un réalisme élégant, ne sont pas, à proprement parler, des caricatures ; seules les légendes qui les soulignent, les classent dans le domaine satirique.

Sainte-Beuve dans ses *Nouveaux lundis* a tracé, en son temps, ce joli portrait de Gavarni : « Il est l'observation même. Tout ce qui a passé et défilé sous nos yeux depuis trente-cinq ans en fait de mœurs, de costumes, de formes galantes, de figures élégantes, de plaisirs, de folies et de repentirs, tous les masques et les dessous de masques, les carnavals et leurs lendemains, les théâtres et leurs coulisses, les amours et leurs revers, toutes les malices des enfants petits et grands, les diableries féminines ou parisiennes, comme on les a vues et comme on les regrette, toujours renaissantes et renouvelées,

GAVARNI

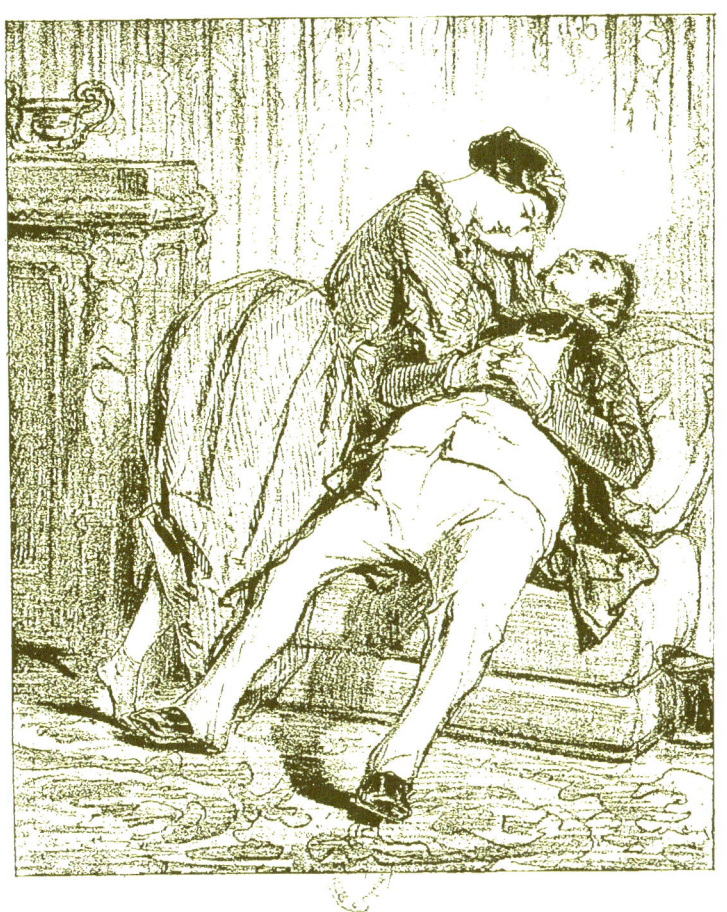

Les Partageuses.
— Plus je te vois... plus je « l'aime »!

et toujours semblables, il a tout dit, tout montré et d'une façon si légère, si piquante, si parlante, que ceux-mêmes qui ne sont d'aucun métier ni d'aucun art, qui n'ont que la curio-

H. MONNIER. — M. Joseph Prudhomme.

sité du passant, rien que pour s'être arrêtés à regarder aux vitres ou sur le marbre d'une table de café, quelques-unes de ces milliers d'images qu'il faisait s'envoler chaque jour, en ont emporté en eux le trait et retenu à jamais la spirituelle et mordante légende. »

Quelques-unes de celles-ci sont d'une réelle philosophie, qui fait penser et sourire à la fois.

Au bal de l'Opéra deux débardeurs causent ensemble : « Y en a-ti' des femmes, y en a-ti' !... Et quand on pense que tout ça mange tous les jours que Dieu fait ! C'est ça qui donne une crâne idée de l'homme ! »

Nous donnons ici deux spécimens de son crayon délicat et de sa fine verve.

Henry Monnier fut à la fois auteur, acteur et caricaturiste. Sous ces trois aspects, il fut un artiste de talent.

Mais chez lui le caricaturiste dépasse de beaucoup les deux autres. Son dessin remarquable est toujours accompagné de légendes amusantes.

L'œuvre de Monnier est considérable.

« Il faudrait, dit M. A. Dayot, un volume pour étudier dans ses multiples manifestations ce talent si complexe, si fin et si délié, fait à la fois d'ironie mordante, de gaîté gauloise et d'impitoyable observation. »

Robert Macaire.

Sa création maîtresse, tant au théâtre que dans la caricature, est ce Joseph Prudhomme auquel il a prêté les aphorismes prétentieux et vides des bourgeois de son temps.

« Otez l'homme de la société, fait-il dire à un de ses « types », vous l'isolez. »

Traviès, lui, a créé le type de Mayeux, bossu ridicule, dans lequel il a voulu symboliser la vanité et la bêtise du petit bourgeois.

Il le montre la main derrière le dos, le chapeau en ba-

TRAVIÈS

Mayeux : Tonnerre de D...! Comme je lui ressemble.

taille, les yeux sur une statuette représentant Napoléon Ier :

« Tonnerre de D...!... s'écrie le bossu,... comme je lui ressemble ! »

Le voici, ailleurs, en présence de l'archevêque de Paris : « Comment se porte votre Éminence ? — Très bien, monsieur Mayeux, et la vôtre ? » riposte l'archevêque.

Traviès et son « Mayeux », pour amusants qu'ils soient,

Sans crinoline.   Avec crinoline.
La Femme et la Crinoline. (Statuettes de Dantan, jeune.)

sont de beaucoup inférieurs à Henry Monnier et à son « Joseph Prudhomme ».

Au milieu de cette pléiade lumineuse de dessinateurs satiriques pleins de verve et d'esprit, un statuaire, Dantan jeune, brilla d'un certain éclat, en modelant et sculptant une série de caricatures de contemporains célèbres, tels que Victor Hugo, Alexandre Dumas, Balzac, Rossini, Liszt, etc.

« Dantan, dit M. Choler, a reçu du ciel un coup d'œil, qui, du premier coup, va déterrer le ridicule sous quelque couche de gravité qu'il se cache, quelque rayonnement que fasse, autour de lui, le talent et la célébrité. Tout le monde connaît ces ressemblances si exactes qui forcent à rire, dès qu'on les voit, de gens admirés jusque-là. »

Les charges sculptées de Dantan eurent une telle vogue que « tout le monde » voulut se faire caricaturer par lui.

La Malibran, elle-même, lui confia « sa tête »; mais quand la caricature fut modelée, la célèbre cantatrice la regarda longuement, l'œil triste, et fondit en larmes.

Dantan comprit... et détruisit son œuvre.

La Ville de Paris, dans son musée des Collections artistiques, possède un assez grand nombre de modèles de ces compositions joyeuses ou grotesques.

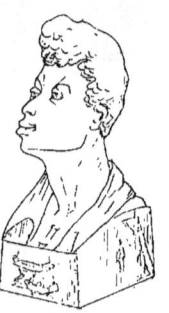

Dantan. — Charge de Dumas, père.

VIII

Les Modernes (suite).

LA DEUXIÈME RÉPUBLIQUE. — LE SECOND EMPIRE
LA TROISIÈME RÉPUBLIQUE

Nous retrouvons en grand nombre ces mêmes artistes « illustrant », de leurs crayons gouailleurs, la Révolution de Février 1848.

Cham se manifeste déjà le plus fécond des caricaturistes.

A l'affût des événements, il les croque au passage et si son crayon est « lâché » et quelque peu vulgaire, les légendes qui les soulignent sont toujours marquées au coin de l'esprit parisien.

Quelques-unes de celles-ci ont, même encore aujourd'hui, une saveur d'actualité qui prouve le « vécu » de l'observation chez cet artiste.

BERTALL. — Candidat pour rire. (Extrait du *Journal pour Rire*.)

En voici une que nous cueillons au bas d'un dessin publié sous l'Empire :

— T'es mon député — dit un voyou dépenaillé à un bourgeois bien mis, — t'es mon député... avance ici que j'te f... mes ordres.

Sa raillerie, au demeurant, est bonne fille, elle rit volontiers avec le petit bourgeois, le pioupiou et la bonne d'enfant.

Quelqu'un l'a peint d'un mot : c'est le Paul de Koch du crayon.

Tandis que de Beaumont, dans sa gracieuse série des *Vésuviennes*, blague les « revendications féminines » et que Damourette et Roubaud « se paient la tête » du « Bourgeois », Daumier, Ch. Vernier, Bertall, Carlo Gripp, Marcelin lui-même et tant d'autres, prennent à partie les théories socialistes de Pierre Leroux, Proudhon, Fourier, etc.

Cabet et la Californie passent également sous le crible.

Les représentants de la nation ne sont pas non plus épargnés ; mais la personnalité la plus visée, c'est, assurément, le « prince Louis Bonaparte », sous « l'enveloppe républicaine » de qui, on voit déjà trop clairement « la pourpre impériale ».

Ses partisans, enrégimentés sous la bannière de *Ratapoil*,

CHAM. — Mais qu'est-ce qu'il a donc cet imbécile de chien à me regarder comme ça ?
(Extrait du *Charivari*.)

H. DAUMIER.

Les Principaux Personnages de la Comédie qui se joue en ce moment aux Champs-Élysées

Guignol politique.

deviennent les *séides argousins* d'un Empereur qu'on ne voyait pas *blanc* dans l'avenir, puisque, par une *noire* allusion,

A. GILL. — Le Journalisme de l'avenir.
— Allez, vous êtes libre. (Extrait de *l'Éclipse*.)

les caricaturistes d'alors firent de l'empereur Soulouque la personnification du « Prince-Président ».

Le président Louis Bonaparte avait subi, non sans mauvaise humeur, les sarcasmes de la presse comique; devenu l'empereur Napoléon III, il fit comme son oncle; il la poursuivit sévèrement.

Donc après le coup d'État de 1852, voilà de nouveau la satire politique muselée, mais pas assez étroitement pour qu'à travers de fines allusions, on ne reconnaisse la charge de plus d'un personnage en vue.

Témoin les mordantes et spirituelles charges de Gill, parues dans la *Lune*, l'*Éclipse* et la *Lune rousse*, qui contribuèrent, comme la *Lanterne* de Rochefort, à ébranler fortement l'Empire par le ridicule.

G. Doré. — L'assaut d'un omnibus.
(Extrait du *Paris-Nouveau*.)

André Gill, en effet, de son crayon spirituel et mordant, sut, à l'égal d'Henri Rochefort, atteindre les personnages les plus haut placés autour de qui veillait, vigilante, la censure impériale; si vigilante que, croyant à d'imaginaires allusions, elle condamna souvent plus d'un dessin « innocent ».

Tel fut le sort de ce fameux « melon » dans lequel un magistrat n'hésita pas à se reconnaître, alors que l'artiste, par hasard à court de sujet, avait tout bonnement fait le « portrait » d'un cantalou servi sur sa table.

Cette époque fut fertile en caricaturistes. A côté de Cham

A GRÉVIN

(Extrait du *Journal Amusant*.)

— Vot'fille! voulez-vous la savoir à moi, mon opignion... Votre fille?... Eh bien, a n's'ra jamais sérieuse.
— Ah! dites-y donc!!...

dont la verve avait déjà brillé sous la deuxième république, et de Gill dont le talent puissant était alors dans toute sa vigueur, de nombreux artistes dirigèrent sans réserve leur raillerie sur les petits faits dont Paris fut le théâtre et sur le monde bourgeois, mais discrètement sur le monde politique.

Les plus justement célèbres sont : Marcelin qui, avec Morin, fonda la *Vie parisienne*; Gustave Doré, le prestigieux illustrateur; Randon, le maître caricaturiste des troupiers modernes; Gilbert Martin, hier encore directeur du *Don Quichotte;* Léonce Petit, l'auteur d'amusantes scènes champêtres; Carjat, Darjou, Nadar, Durandeau, Bertall, Hadol, Lafosse, Loys, Humbert, Régamey, Crafty, Rivière, Somm, Stop et enfin Grévin, le peintre plein d'humour et de distinction de la Parisienne des coulisses, des boudoirs, des bals publics et des boulevards.

Moloch
(Extrait de *Paris dans les caves*).

Sa Majesté. (Croquis d'après Lafosse.)

Pendant la guerre et la Commune, sous les boulets ennemis comme sous les obus fratricides, la caricature ne perdit pas ses droits.

Nous voyons Ladreyt, Moloch, Mesplès, Alfred Le Petit, Pépin, Pilotell et Faustin, tour à tour, rire avec bonne humeur des « petits inconvénients » du siège ou rugir contre les artisans des malheurs de la Patrie.

Un dessin d'Édouard Ancourt clôt cette série d'une façon saisissante.

C'est « la fin de la légende » représentant « Napoléon le Petit » errant déguenillé, le chapeau du « Petit Caporal » enfoncé sur le nez.

En jetant les yeux, maintenant, sur les dessins satiriques parus alors, on sent que la gaîté qui s'y manifeste n'est que factice. On n'avait pas le cœur à rire.

LÉONCE PETIT. — Le Retour du pochard.

Sous la Commune, d'ailleurs, la caricature se montre, plus volontiers, grossière que spirituelle. On peut s'en convaincre en parcourant la monographie très complète et très sincère des illustrations comiques de cette époque troublée[1] qu'a publiée M. Quentin-Bauchart.

Pendant la « période boulangiste », les caricaturistes se divisent en deux camps ; les uns attaquent violemment « l'aventurier », tandis que les autres exaltent jusqu'au grotesque — grotesque non voulu, cette fois — le « messie politique, ardemment attendu ».

Qui ne se souvient de cette série d'expressions physiogno-

1. *La Caricature sous la Commune*, 1 vol. in-8, par M. Quentin-Bauchard (Em. Paul, Guillemin et Cie, éditeurs).

A. WILLETTE

(Extrait du *Courrier Français*.)

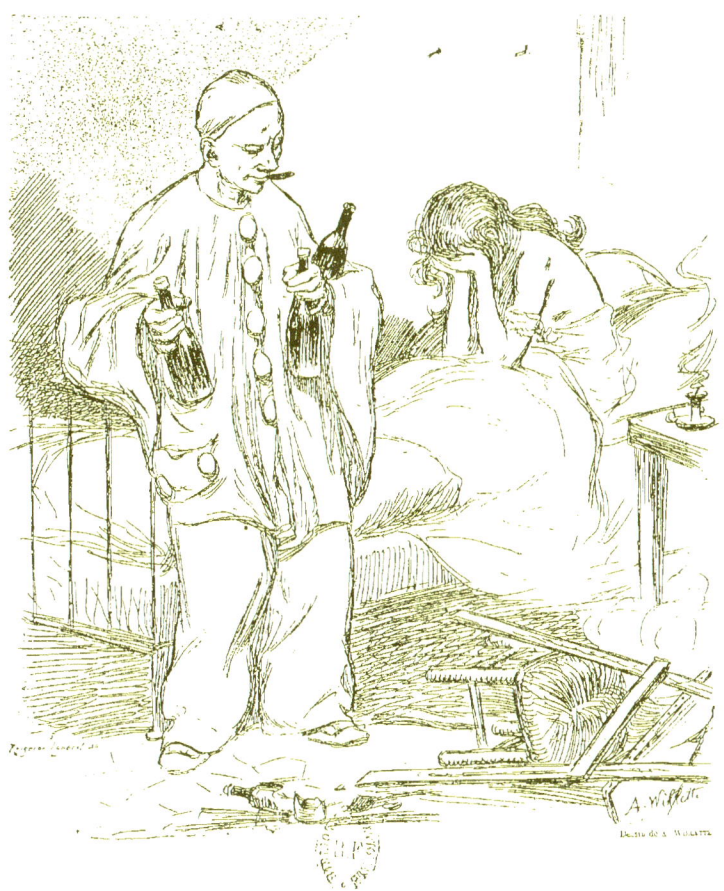

Remarquez bien que la plupart des choses qui nous font plaisir sont déraisonnables.
(MONTESQUIEU.)

moniques allant du profil du général Boulanger à celui du Lion de Belfort, — allégorie qui n'a pas été justifiée par la suite?

Aujourd'hui, les caricaturistes sont nombreux; beaucoup d'entre eux ont de l'esprit et quelques-uns savent... dessiner.

Presque tous ont fait leurs premières armes au *Courrier français* ou au *Chat noir*, à côté de Henri Pille, le dessinateur archaïque impeccable, fantaisiste et satirique à ses heures.

Les plus justement célèbres sont, au premier rang, MM. Willette, Forain, Steinlen, Caran d'Ache et Albert Guillaume.

M. Willette est le peintre, plein de philosophie aima-

A. GILL. — Zola et Balzac. (Extrait de *l'Éclipse*.)

ble, de la « grisette » contemporaine. Il est à la fois un poète doucement rêveur, un dessinateur exquis, un satirique incisif et... un charmant garçon, « joyeux à froid », comme le Pierrot qu'il a si spirituellement fait revivre.

M. Steinlen, quoique né en Suisse, est un « Japonais... de Paris ». Ses dessins, au trait vigoureux et toujours justes, font parfois rêver aux amusantes fantaisies des Harunobou et des

Massaïoshi ; mais son talent est très personnel dans son réalisme.

A tout prendre est-il bien un caricaturiste? N'est-il pas plutôt l'illustrateur exact de la vie réelle ?

M. Caran d'Ache, merveilleux dessinateur militaire, est aussi un maître dans la caricature délicate.

CARAN D'ACHE.
M. Sarcey et M. Maubant.

Ses productions dans cette manière légère n'ont pas besoin de légendes; la série des scènes qu'il compose se comprend comme une pantomime. Ses « traits » sont des traits de crayon.

M. Albert Guillaume, lui aussi, cultive avec succès et non sans talent ce genre de charges dont nous avons dit plus haut que le dessinateur allemand, Wilhem Busch, semblait être l'inventeur.

M. Forain est un philosophe étrangement observateur, cinglant volontiers très vertement les choses et les gens de son crayon synthétique et de ses légendes mordantes souvent jusqu'au cynisme.

A. GUILLAUME.
(Extrait de la *Femme à bicyclette*.)

M. Choubrac, l'élégant dessinateur des costumes de

J FORAIN

—... Rothschild.

théâtres, manie aussi, avec beaucoup d'esprit, le crayon satirique.

La planche qu'il a composée pour la couverture de ce livre et l'amusant croquis que nous publions plus loin sont là pour en témoigner.

Il serait injuste de ne pas mentionner, enfin, quelques autres caricaturistes contemporains dont les mérites sont « variés »

A. Guillaume. — Le record de la sobriété.
(Extrait de la *Femme à bicyclette*.

— à tous égards — et qui ont eu ou ont encore « l'œil du public ».

Ce sont par ordre... alphabétique : MM. Al'zan, Baër, Bac, Baric, J. Blass, Belon, Chanteclair, Charly, E. Cohl, Coll-Toc, Draner, Fernand Fau, Faverot, Gray, Heindbrinck Henriot, Job, Josias, Klem, Lautrec, Léandre, Louis Legrand, PalLéonnec, Luc, Lunel, Luque, Mars, Moloch, Morland, Radiguet, Robida, de Sta, Stez, Uzès, Vallet, Valloton, Vavasseur, Verbeck, etc.

84 LA CARICATURE A TRAVERS LES SIÈCLES.

Le nombre des journaux satiriques est « en raison directe » du nombre des caricaturistes.

Ceux-ci, comme ceux-là, sont d'une valeur « inégale ».

Les plus répandus sont :

La *Caricature*, le *Carillon*, le *Chambard*, le *Charivari*, le *Chat noir*, la *Chronique amusante*, le *Courrier français*, le *Don Quichotte*, le *Grelot*, l'*Éclipse*, le *Fin de siècle*, le *Journal amusant*, le *Monde comique*, le *Petit journal pour rire*, le *Pilori*, le *Rire*, la *Silhouette*, le *Triboulet*, la *Vie Parisienne*, etc.

A. WILLETTE. — Extrait de l'*Age d'or*.

CHOUBRAC

— Et tu es bien avec le mari ?
— Depuis qu'j'occupe sa femme, elle ne le rase plus !

Dessin de Steinlen.

Nous pouvons constater, par cette rapide étude, que la caricature, née avec le monde, vit encore bien portante au seuil du XXe siècle ; nous pouvons même affirmer, sans trop de témérité, qu'elle n'expirera qu'avec la planète qui nous porte.

De tout temps, on trouvera des ridicules... chez le voisin et dans les siècles futurs, tout comme de nos jours, on n'aura garde, assurément, de démentir le doux poète qui a écrit :

La moitié des humains rit aux dépens de l'autre.

TABLE DES ARTISTES

CITÉS DANS CE VOLUME

A. Grévin. — Portrait.
(Charge d'André Gill.)

Alzan, p. 83. — Ancourt (Édouard), p. 76. — Antiphile, p. 7.

Bac, p. 83. — Baer, p. 83. — Baric, p. 83. — Beaumont (de), p. 68. — Bélon, p. 83. — Bertall, p. 67-68-75. — Blass, p. 83. — Boilly, p. 41-44. — Bosch (J.), p. 14. — Bosio, p. 44. — Breughel (le vieux), p. 13-14-18. — Brouwer, p. 14. — Bunbury, p. 27. — Busch (W.), p. 27-90-92.

Callot (J.), p. 14-15-17-18. — Canta-Gallina, p. 18-19. — Caran-d'Ache, p. 79-80. — Carjat, p. 75. — Cham, p. 67-68. — Chanteclair, p. 83. — Charlet, p. 44-54. — Charly, p. 83. — Choubrac, couverture et p. 1-83-85. — Cohl, p. 83. — Coll-Toc, p. 83. — Crafty, p. 75. — Cruikshank, p. 27. — Ctésiloque, p. 4.

Damourette, p. 68. — Dantan (jeune), p. 65-66. — Darjou, p. 75. — Daumier, p. 6-49-53-55-58-68. — Debucourt, p. 44. — Decamps, p. 47-49. — Doré (G.), p. 72-75. — Duplessis-Berteaux, p. 44. — Draner, p. 83. — Durandeau, p. 75.

Fau (F.), p. 83. — Faustin, p. 75. — Faverot, p. 83. — Forain, p. 79-80-81.

Gainsborough, p. 23. — Gavarni, p. 49-57-58-59-89. — Gilbert-Martin, p. 75. — Gill, p. 71-72-75-91. — Gillray, p. 27. — Goya, p. 28-33. — Grandville, p. 49-59. — Gray, p. 83. — Grévin, p. 73-75-91. — Gripp (C.), p. 68. — Guillaume (Albert), 79-80.

TABLE DES ARTISTES.

Hadol, p. 75. — Heindbrinck, p. 83. — Henriot, p. 83. — Hogarth, p. 6-21-22-23-24. — Humbert, p. 75.

Imlauer, p. 27-31. — Isabey, p. 44.

Job, p. 83. — Josias, p. 83.

Kleim, p. 83.

Ladreyt, p. 75. — Lafosse, p. 75. — Lautrec, p. 83. — Léandre, p. 83. — Legrand, p. 83. — Léonnec, p. 83. — Lepetit (A.), p. 75. — Lœffer, p. 27. — Loys, p. 75. — Luc, p. 83. — Lunel, p. 83. — Luque, p. 83.

Marcelin, p. 68-75. — Mars, p. 83. — Mesplès, p. 75. — Moloch, p. 75-83. — Monnier (H.), p. 49-61-62-65. — Morin, p. 75-76. — Morland, p. 83.

Nadar, p. 75.

Pauson, p. 4. — Pepin, p. 75. — Petit (L.), p. 75-76. — Philipon, p. 46-49-50. — Pille (H.), p. 79. — Pilotell, p. 75.

Radiguet, p. 83. — Raffet, p. 51-54. — Randon, p. 75. — Régamey, p. 75. — Reinhardt, p. 27. — Rivière, p. 75. — Robida, p. 83. — Romyn de Hooghe, p. 14. — Roubaud, p. 68-89. — Rowlandson, p. 23-27.

Scholtz, p. 27. — Schmidhommer, p. 27-29. — Somm, p. 75. — Steinlen, p. 79-87. — de Sta, p. 83. — Stez, p. 83. — Stop, p. 75.

Traviès, p. 49-62-63-65. — Turner, p. 23.

Uzès, p. 83.

Vallet, p. 83. — Valleton, p. 83. — Vavasseur, p. 83. — Verbeck, p. 83. — Vernet (Carle), p. 40-43-44. — Vernier (Ch.), p. 68.

Willette, p. 2-77-79-84.

Dessin de W. Busch.

TABLE DES MATIÈRES

I

CE QUE C'EST QUE LA CARICATURE . . . . Pages. 1

II

CHEZ LES ANCIENS

Les Égyptiens, les Grecs, les Romains 3

III

AU MOYEN AGE

La Caricature dans l'Église. Le Diable 9

IV

AU XVIe SIÈCLE

Le Hollandais Breughel. Ses imitateurs. Jacques Callot 13

B. ROUBAUD. — Charge de Gavarni.

V

CHEZ LES ÉTRANGERS

Italiens, Anglais, Allemands, Espagnols, Américains. 19

VI

XVIIᵉ SIÈCLE ET XVIIIᵉ SIÈCLE

Pages.
Encore les Hollandais. Règnes de Louis XV et de Louis XVI. La Révolution. 35

VII

LES MODERNES

Premier Empire. Restauration. Règne de Louis-Philippe 45

VIII

LES MODERNES (*Suite*)

Deuxième République. Second Empire. Le siège. La troisième République. 67

Conclusion. 87

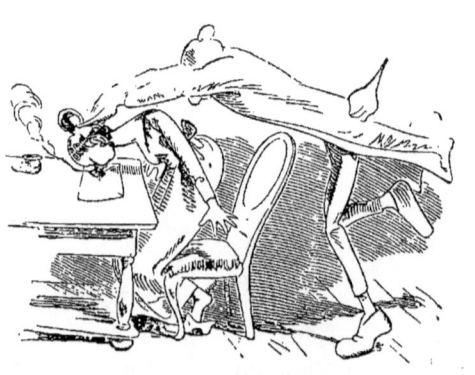

Dessin de W. Busch.

Paris. — Typ. Chamerot et Renouard. — 31880.

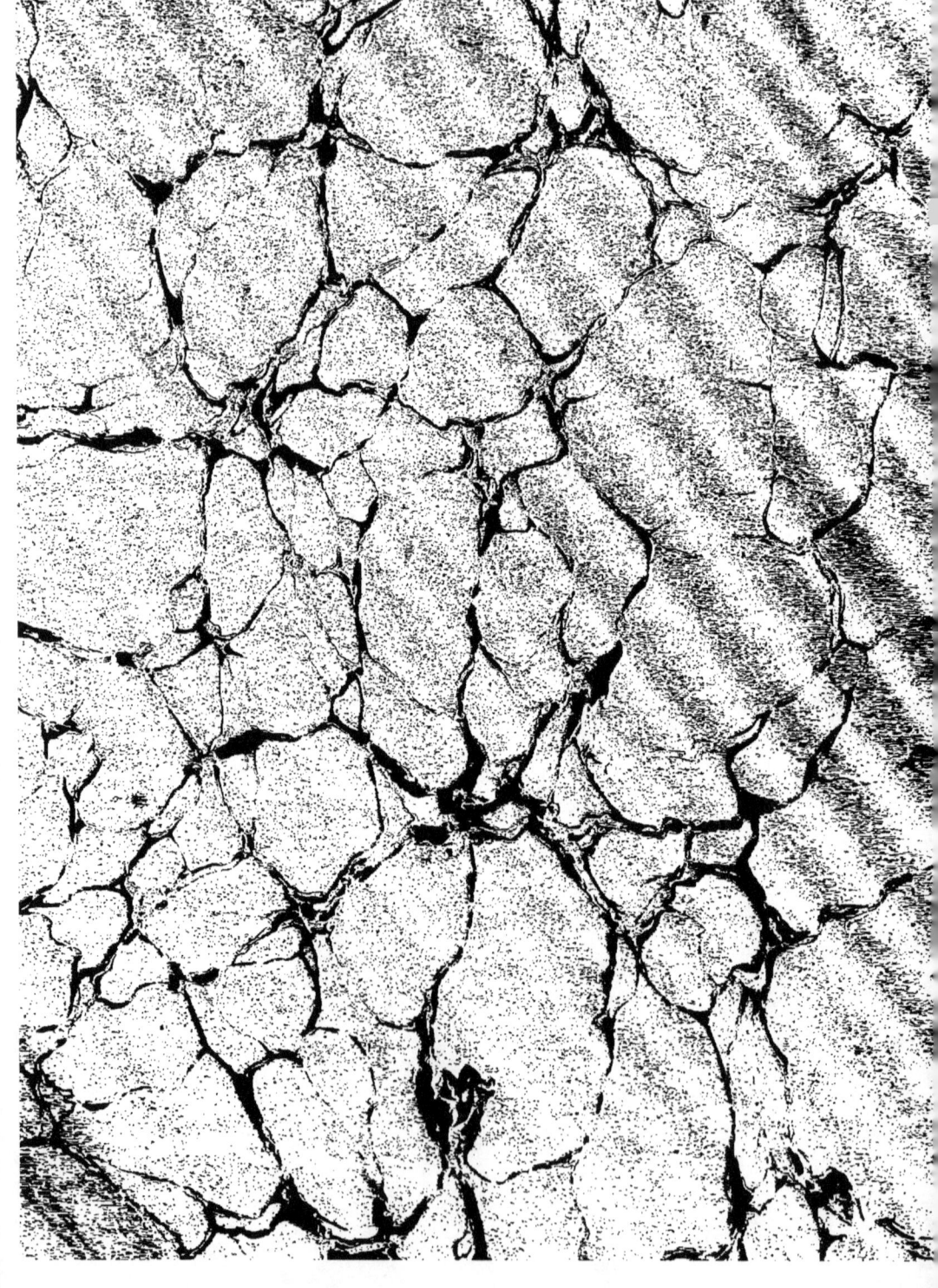

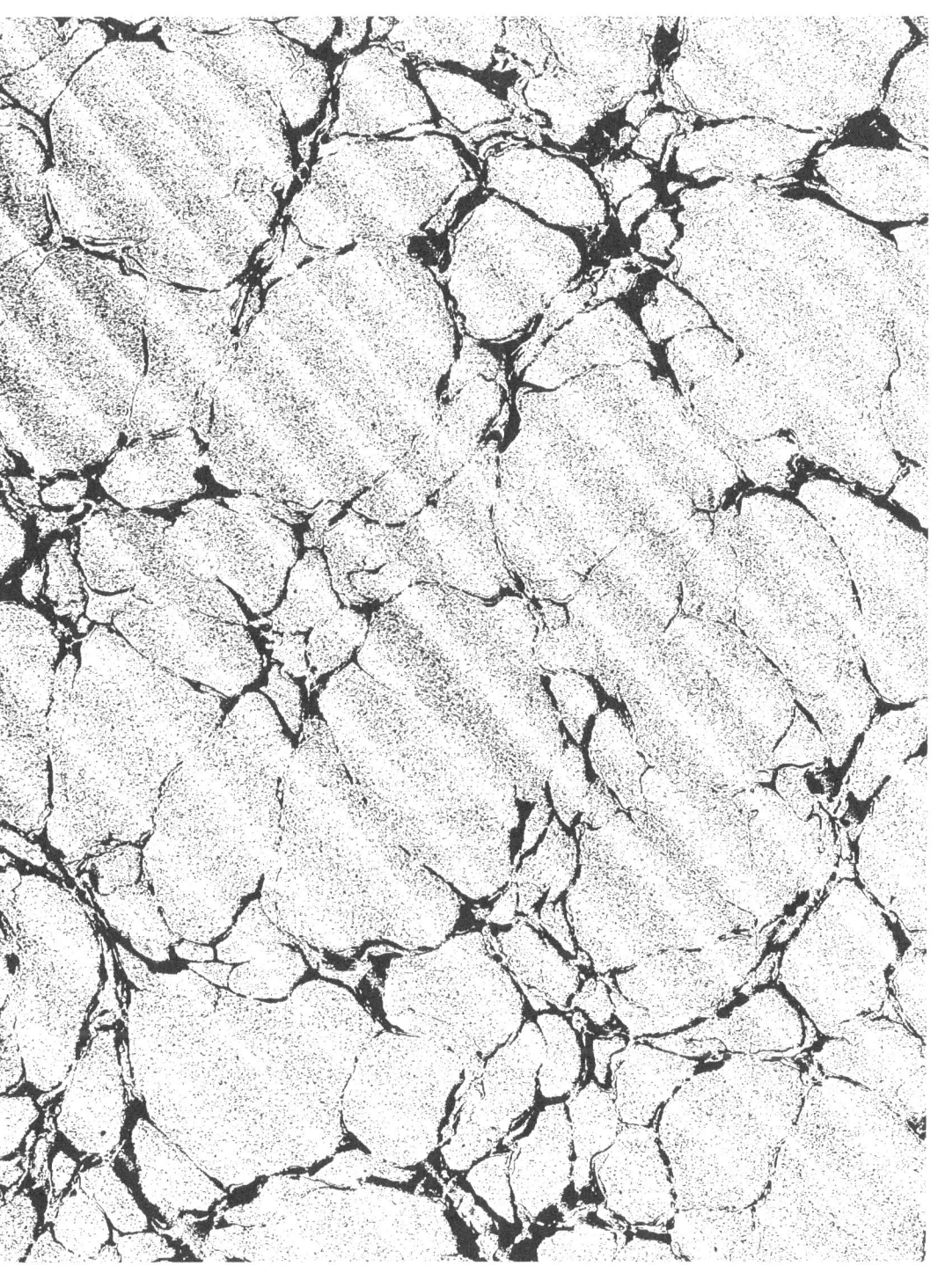

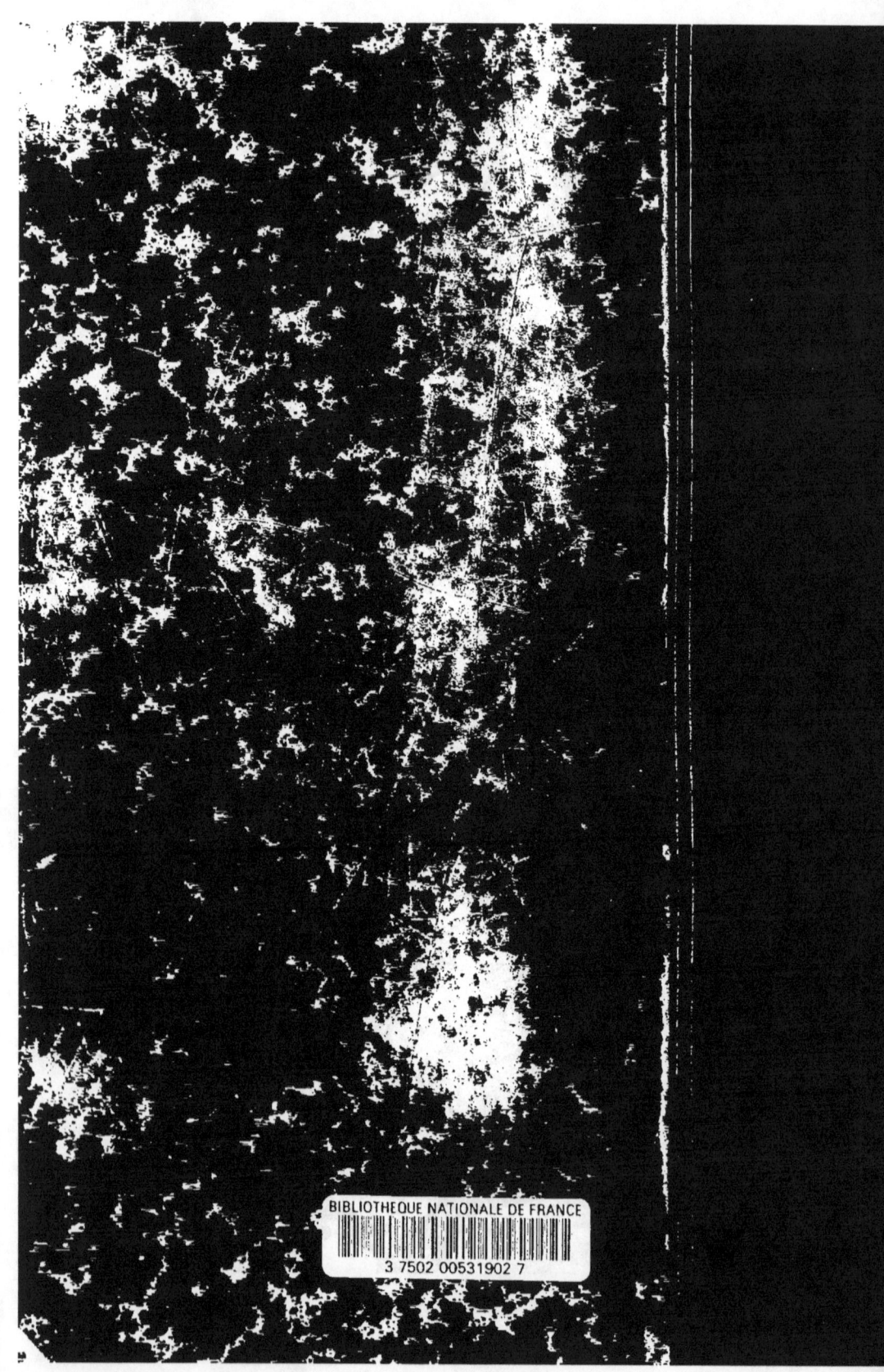

www.ingramcontent.com/pod-product-compliance
Lightning Source LLC
Chambersburg PA
CBHW070534100426
42743CB00010B/2079